汽车知识与探秘

王淑君　管　晶　编著

QI CHE
ZHI SHI YU TAN MI

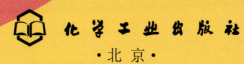

化学工业出版社

·北京·

　　这是一本汽车知识普及读物，也是两位作者历经整整6年时间倾心打造出来的一本书。内容涵盖了汽车的产生与发展、汽车的原理与构造、汽车的车型与车标、汽车的设计与制造等。

　　本书内容集知识性和趣味性于一体，彩图和动画视频相结合，寓教于乐，有助于培养科学探索精神，提高想象力和创造力。

　　本书内容老少皆宜，适合对汽车感兴趣的各类车迷阅读，尤其是青少年读者。相信阅读本书以后，你一定会有意想不到的收获！

图书在版编目（CIP）数据

汽车知识与探秘／王淑君，管晶编著．
-- 北京：化学工业出版社，2017.10（2023.1重印）
ISBN 978-7-122-30423-0

Ⅰ．①汽⋯ Ⅱ．①王⋯ ②管⋯ Ⅲ．①汽车—青少年读物 Ⅳ．① U46-49

中国版本图书馆 CIP 数据核字（2017）第 195768 号

责任编辑：黄　滢
美术编辑：王晓宇　　　　　　　　　　装帧设计：芊晨文化

出版发行：化学工业出版社（北京市东城区青年湖南街13号　邮政编码 100011）
印　　装：北京瑞禾彩色印刷有限公司
787mm×1092mm　1/16　印张6　字数 200千字　2023年1月北京第1版第3次印刷

购书咨询：010-64518888　　　　　　　　　售后服务：010-64518899
网　　址：http://www.cip.com.cn
凡购买本书，如有缺损质量问题，本社销售中心负责调换。

定　　价：39.90元　　　　　　　　　　　　版权所有　违者必究

前 言

现代汽车外观形形色色、款式五花八门，让人眼花缭乱的同时也引起了许多朋友的无限遐想，头脑中时不时地会产生各种疑问：汽车是怎样产生的？汽车为什么要做成这个样子？汽车为什么会跑？汽车是怎样停下来的呢？为什么要给汽车加油？等等。这也是我们编写本书的初衷——试图以一种寓教于乐、集知识性和趣味性于一体的方式，来解答读者的各种疑问。

在介绍本书各部分具体内容之前，我们需要先了解一下汽车的发明、进化和演变的历史过程，我们不妨借助动画演示的形式来进行介绍。

我们先来扫一扫下边的二维码，一起从远古时代的遐想——一个小故事说起。

1 一个关于汽车的遐想

2 人类对动力的渴望

不难看出，车是因古代人的生活需要自然而然产生和发展起来的，那时的人们就希望能够制造出一种叫作"车"的东西来代替人行走，节省力气，帮助人拉沉重的东西。当然，马车仍然是最早出现的车辆，而且马车大行其道的日子还很长。

后来，随着时间的推移，发明家们才开始尝试研制真正的机器来代替马匹，不用喂养就可以干活的东西——"汽车"。不同于马车，要造出汽车，首先需要解决的就是"动力"问题，这是一个漫长而艰辛的探索过程。

我们再来扫一扫下边的二维码，一起来看看人们是怎样一步步寻找到汽车的动力的。

3 古代奇异的发明　　4 自动开门的机器　　5 瓦特改良蒸汽机　　6 英国工业革命

动力找到了，汽车时代就要来临了……

7 蒸汽与交通　　8 内燃技术的研究　　9 奥拓内燃机与四冲程理论

10 汽车从此诞生

就这样，汽车终于诞生了！

现代人的生活已经越来越离不开汽车了！在本书中，我们将重点阐述汽车的产生和发展、基本原理和构造等知识。全书内容尽可能以简洁的语言文字配合彩色图片和精美动画演示视频的形式进行介绍，力求通俗易懂，老少皆宜。

现在，就让我们一起开启汽车奥秘的探索之旅吧！

编著者

目 录

01 第一部分　汽车历史知识

- 01　汽车在法国诞生
- 01　汽车在德国成长
- 02　汽车在美国成熟
- 03　汽车在日本创新
- 06　汽车在中国发展
- 10　汽车发明趣史动画视频

11 第二部分　汽车构造知识

- 11　汽车由哪几大部分构成？
- 12　汽车的底盘上有哪些重要系统？
- 13　汽车的传动系统由哪些零部件组成？
- 14　汽车的行驶系统由哪几部分构成？
- 15　汽车的零部件是怎样安装到一起的？

17 第三部分　汽车原理知识

- 17　汽车的动力从哪里来？
- 24　汽车是如何改变速度的？
- 29　怎样减少汽车行驶时的冲击？
- 38　汽车是如何停下来的？
- 44　汽车是如何实现转弯和后倒的？
- 47　汽车原理解密动画视频

48 第四部分　汽车基本常识

- 48　汽车是怎样制造出来的？
- 53　汽车零部件是怎样生产出来的？
- 55　汽车的能量从哪里来？
- 55　为什么要给汽车加"水"？
- 56　为什么汽车上要安装各种指示灯？
- 57　汽车上的仪表什么样？
- 58　什么是汽车安全气囊？
- 59　为什么要系安全带？
- 59　为什么要给汽车加汽油？
- 60　为什么要给汽车加机油？
- 60　为什么要经常给汽车做保养？
- 61　汽车损坏后维修工人怎样修车？
- 62　小轿车和越野车性能有何不同？
- 62　未来的汽车什么样？

65 第五部分　品牌汽车鉴赏

82 第六部分　汽车标志识别

- 82　国产车标
- 86　德国车标
- 86　法国车标
- 87　美国车标
- 87　韩国车标
- 88　日本车标
- 88　瑞典车标
- 89　意大利车标
- 89　英国车标
- 90　其他国家车标
- 90　《汽车知识与探秘》完整动画视频

第一部分 汽车历史知识

 ## 汽车在法国诞生

1769年,法国人居纽(Cugnot)将蒸汽机安装到三轮车上作为动力源,制造出了世界上第一辆蒸汽机车。

虽然这种车笨重,而且很难操控,最后还由于无法制动被撞坏了。但是因为这种车的动力来自于蒸汽机,是一种完全依靠自身动力行驶的车,所以人们就将这种车命名为"汽车"了。居纽也就自然而然地成为全世界公认的汽车发明家了。

 ## 汽车在德国成长

1885年,德国人卡尔·本茨制造出了世界上第一辆以汽油为燃料的汽车,这种车也是三轮的,动力来自于汽油发动机。

卡尔·本茨

世界上第一辆内燃机汽车

1886年,本茨为这种汽车申请了专利,并开创了以"奔驰"为商标的汽车公司。于是,真正意义上的汽车诞生了,人类从此进入汽车时代。

奔驰(Mercedes-Benz)标志

汽车在美国成熟

1893年,美国人亨利·福特在自家后院制造出世界上第一辆四轮汽车。

1896年,亨利·福特研制成功两缸四轮汽车;1903年,福特汽车公司成立。

世界上第一辆四轮汽车

亨利·福特

第一部分 汽车历史知识

1908年,由于福特T型车促进了大众化的汽车消费,因此,1913年,福特汽车公司最先建立流水线汽车装配系统,并由此引发了世界汽车制造业的一次惊天动地的革命,促进了汽车生产的规模化。

福特(Ford)标志

 汽车在日本创新

1914年,日本三菱公司开始生产汽车。

三菱(MITSUBISHI)标志

 汽车知识与探秘

1920年,日本成立东洋汽车工业公司,即现在的马自达汽车公司。

马自达(MAZDA)标志

1933年,丰田自动织布机制作所成立汽车部,后独立为丰田汽车公司。

丰田(TOYOTA)标志

1933年,日本"汽车制造股份公司"成立,即现在的日产汽车公司。

日产(NISSAN)标志

第一部分 汽车历史知识

1937年，五十铃汽车公司成立。

五十铃（ISUZU）标志

1948年，本田汽车公司成立。

本田（HONDA）标志

1958年，日本首次向美国出口；1970年，日本成为世界第二大汽车生产国；1980年，日本汽车年产量首次超过美国。

如今，日本已形成五大汽车集团：

丰田、本田、日产、三菱和马自达。

汽车知识与探秘

汽车在中国发展

1901年,匈牙利人李恩时进口两辆奥兹莫比尔汽车到上海。

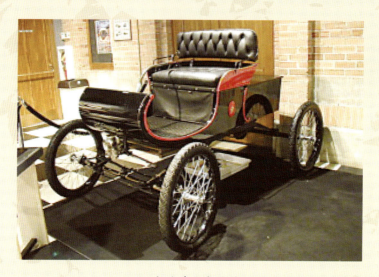

▲ 奥兹莫比尔汽车

1902年,袁世凯从德国购买第二代奔驰轿车(1898年产),作为寿礼献给慈禧。

◀ 第二代奔驰轿车

孙中山最早提出建立中国汽车工业。

1928年,张学良第一个开始组织生产国产汽车。

到1929年,我国已进口汽车8781辆。

第一部分 汽车历史知识

1930年,我国汽车保有量为38484辆。这一年,上海有了销售汽车和汽车零件以及出租汽车的洋行。

1949年新中国成立后至今,我国汽车工业的发展大致可以分成以下三个阶段。

第一个阶段是从我国汽车工业于1953年诞生到1978年改革开放前。这一阶段初步奠定了汽车工业发展的基础,汽车产品从无到有。

第二个阶段是从1978年到20世纪末。我国汽车工业取得了长足的发展,形成了完整的汽车工业体系。从载重汽车到轿车,开始全面发展。这一阶段是我国汽车工业由计划经济体制向市场经济体制转变的转型期。这一时期的特点是商用汽车发展迅速,商用汽车产品系列逐步完整,生产能力逐步提高,具有了一定的自主开发能力。重型汽车、轻型汽车的不足得到改变,也为轿车生产奠定了基本格局和基础。我国汽车工业生产体系进一步得到完善。

第三个阶段是进入21世纪以后。我国汽车工业在我国加入WTO后,进入了一个市场规模、生产规模迅速扩大的时期,开始全面融入世界汽车工业体系。

1956年7月13日,国产第一辆解放牌4吨载货汽车在第一汽车制造厂诞生。

▲ 国产第一辆解放牌货车

1975年6月,第二汽车制造厂第一个基本车型——"东风"2.5吨越野车投产。

 汽车知识与探秘

1984年1月15日,北京汽车制造厂与美国汽车公司(AMC)合资经营的北京吉普汽车有限公司举行开业仪式。同年7月,中法合资广州标致汽车公司成立。

1985年3月,我国与德国合资的上海大众汽车有限公司正式成立,9月正式开业。

1987年8月,国务院北戴河会议讨论发展轿车工业问题,确定一汽、二汽、上海三个轿车生产基地;1988年9月27日,中国北方工业(集团)总公司和德国戴姆勒·本茨公司关于重型汽车生产许可证转让合同在北京签字。

第一部分 汽车历史知识

1990年11月，一汽和德国大众公司15万辆轿车合资项目在北京签字；12月，二汽与雪铁龙公司轿车合资项目在法国签字。

1993年11月15日，汽车行业名列前10位的是上海汽车工业总公司、东风汽车公司、中国第一汽车集团公司、北京吉普汽车有限公司、重庆汽车制造厂、江西汽车制造厂、金杯汽车股份有限公司、广州标致汽车公司、南京汽车制造厂、湖南汽车制造厂。

1998年6月，中日合资广州本田成立。

1998年12月，上海通用别克下线。

1997年，奇瑞汽车有限公司成立。1999年12月18日，第一辆奇瑞轿车下线。

众泰控股集团始建于2003年，是一家以汽车整车及发动机、模具、钣金件、变速器等汽车关键零部件的研发制造为核心业务和发展方向的现代化民营企业集团。

2003年，比亚迪进入汽车制造与销售领域，开始民族自主品牌汽车的发展征程。

长城汽车股份有限公司是我国最大的SUV制造企业，于2003年、2011年分别在香港H股和上海A股上市。目前，旗下拥有哈弗、长城两个品牌，产品涵盖SUV、轿车、皮卡三大品类，拥有四个整车生产基地，具备发动机、变速器等核心零部件的自主配套能力。

江铃控股有限公司于2004年11月成立，为国内首家自主品牌汽车制造企业。

广州汽车集团股份有限公司（简称广汽集团），创立于2005年6月28日。

2007年，海马布局中原，设立海马郑州汽车有限公司。

2009年，长安汽车自主品牌排名世界第13位、我国第一，成为我国汽车行业最具价值品牌之一。

时至今日，我国汽车生产全面覆盖了重型、中型、轻型、微型货车，小轿车，大型、中型、小型客车，各类工程车辆等各个领域，正在迅速走向成熟。新能源汽车也正在加速追赶世界先进水平。

11 汽车发明趣史

第二部分 汽车构造知识

汽车由哪几大部分构成？

汽车由发动机、底盘、车身和电气系统四大部分构成。

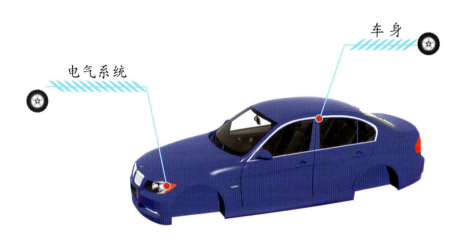

车身

电气系统

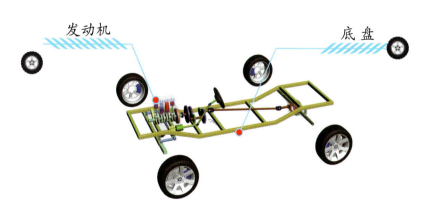

发动机

底盘

▲ 汽车的四大部分

汽车知识与探秘

 汽车的底盘上有哪些重要系统?

汽车的底盘上有传动系统、行驶系统、转向系统和制动系统四大重要系统。

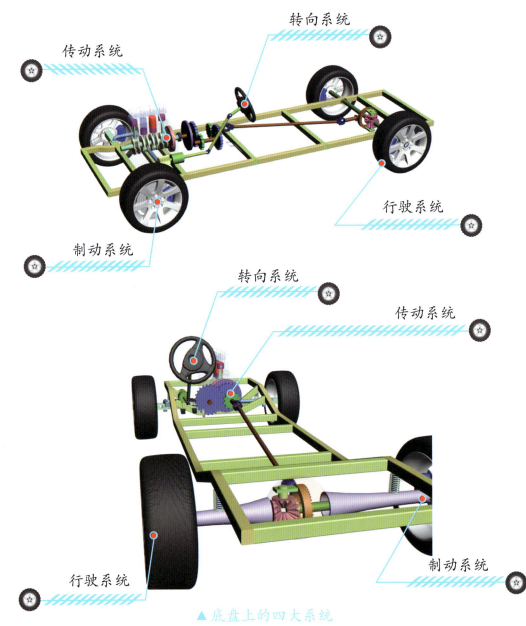

▲ 底盘上的四大系统

第二部分 汽车构造知识

汽车的传动系统由哪些零部件组成？

汽车的传动系统一般由离合器、变速器、万向传动装置、主减速器、半轴和差速器组成。

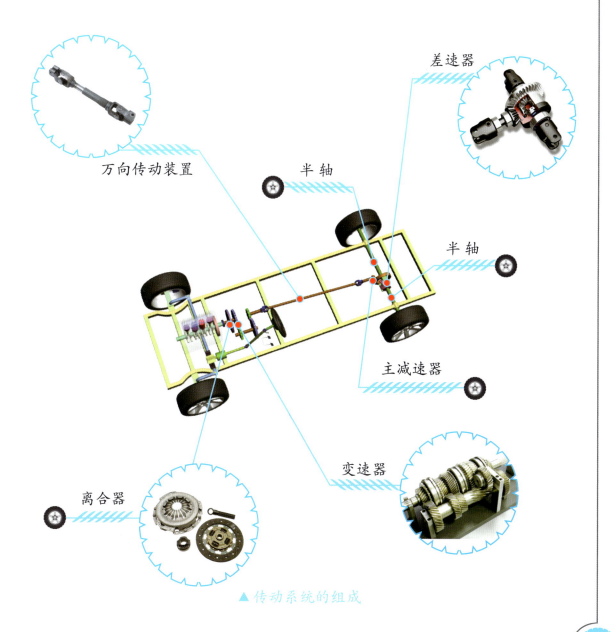

▲ 传动系统的组成

汽车知识与探秘

汽车的行驶系统由哪几部分构成？

汽车的底盘、车桥（前桥和后桥）、车轮和悬架（前悬架和后悬架）等组成了行驶系统。

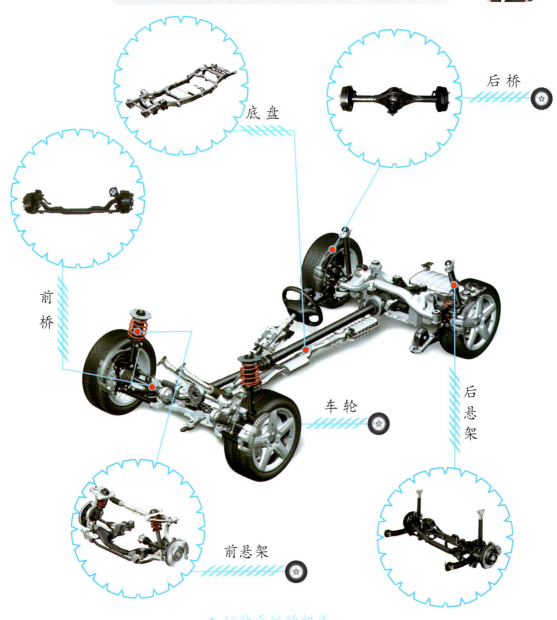

▲ 行驶系统的组成

第二部分 汽车构造知识

汽车的零部件是怎样安装到一起的？

汽车的四大部分中，每个部分又包含很多零件、部件，这些零部件通过螺栓或者焊接等方法连接并固定在底盘上。底盘就相当于建房子时的地基，是整个汽车的骨架。

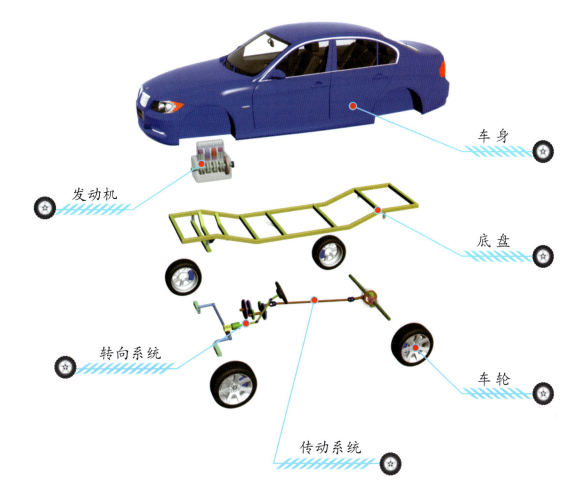

▲ 各种零部件

汽车知识与探秘

▲ 零部件和底盘组装在一起

▲ 车身和底盘组装成整车

第三部分 汽车原理知识

汽车的动力从哪里来？

要借助于汽车的"发动机"。

认识发动机

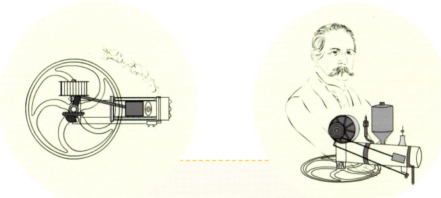

汽车发动机

汽车知识与探秘

了解发动机

发动机堪称汽车的"心脏",它是汽车的动力来源,也是汽车的核心部件。可以说,没有发动机,就不会产生现代的汽车。

虽然发动机的结构和工作过程都很复杂,但是原理其实很简单。在没有充气的气球上放一个小重物,然后向气球吹气,气球的体积膨胀,就会把重物顶起来。汽车发动机就是利用这一原理工作的,具体过程如下。

先打开进气门让活塞把燃气和空气一起吸进气缸,关闭进气门后,再利用大飞轮的惯性让活塞把混合气压缩到一个很小的空间,这时瞬间点火,用爆发力把活塞"炸开"做功。最后,当惯性把活塞又推上来的同时打开排气门,就可以把废气排出。

然后又正好是下一个循环的开始。像这样吸气—压缩—爆发—排气,周而复始地运转下去。

由于完成一个循环需要四个步骤,所以叫四冲程发动机。

汽车的创始人戴姆勒和本茨最早研制的发动机都是单缸的,即只有一个气缸。

12 发动机的基本原理

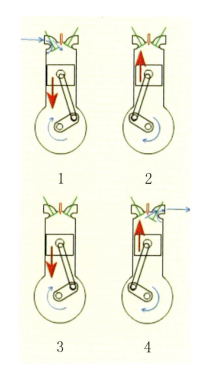

▲ 四冲程发动机

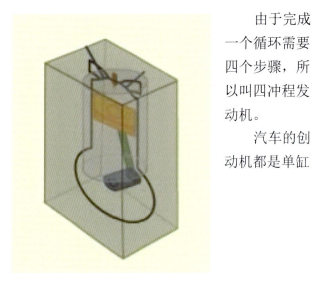

▲ 单缸发动机

第三部分 汽车原理知识

后来又试着把两个单缸发动机连在一起,做成双缸发动机。这就好像原本由一个人干活,现在是两个人一起,力量自然成倍增加。

▲ 双缸发动机

然后是四缸,再就是六缸、八缸,甚至十二缸。如果有必要,做个二十四缸的也没问题,但一般使用四缸、六缸、八缸就足够了。

发动机的形式和缸数理解起来也很简单,整齐地站成一排就是直列式,分两排放倒一些就是V型的,六缸以上的发动机普遍采用V型排列。

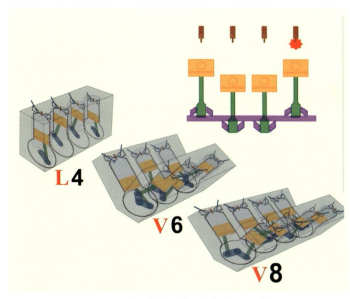

▲ 发动机的形式和缸数

L4、V6、V8等指的就是缸数(4、6、8等)和排列方式(直列式、V型等)。

需要指出的是,多缸发动机中每个缸的运转并不是同步的,而是岔开的,这样可以使力量输出均匀。比如四缸发动机,在任何时刻必定是一个进气、一个压缩、一个做功、一个排气,点火顺序是1—3—2—4或1—2—4—3。

发动机原理解密

以四冲程汽油发动机为例，介绍发动机的工作原理。

过程一：吸气

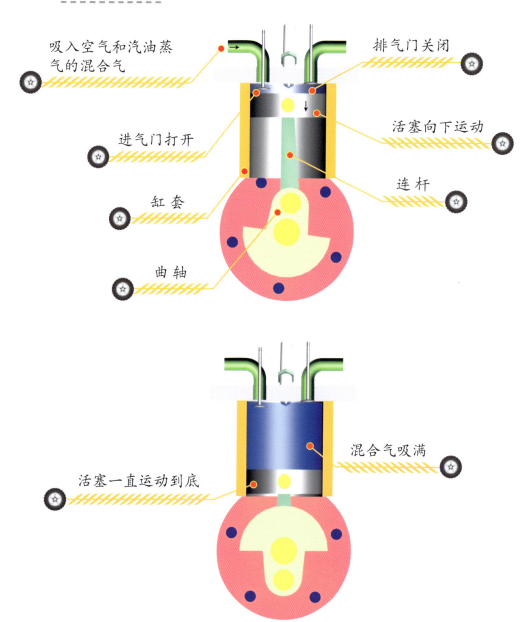

第三部分 汽车原理知识

过程二：压缩

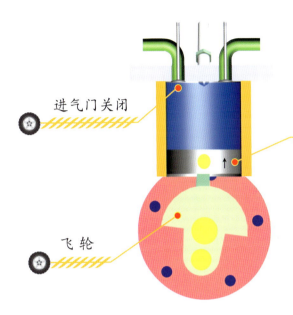

进气门关闭

活塞靠曲轴上的飞轮的惯性向上运动，压缩混合气

飞轮

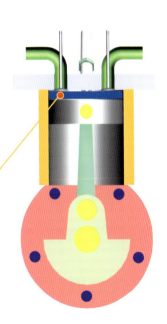

活塞运动到顶部，压缩过程完成

过程三：做功

火花塞产生电火花，点燃汽油蒸气和空气的混合气

火花塞

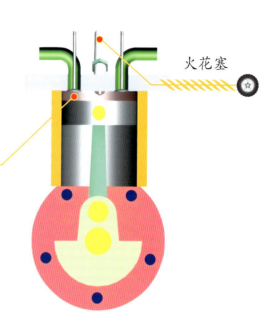

燃烧的混合气，体积迅速膨胀，推动活塞向下运动，做功

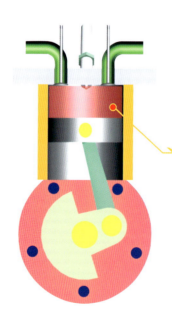

第三部分 汽车原理知识

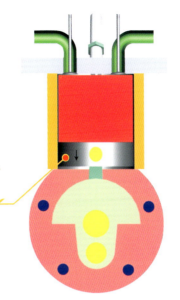

膨胀的气体把活塞推到底部,做功过程完成

过程四:排气

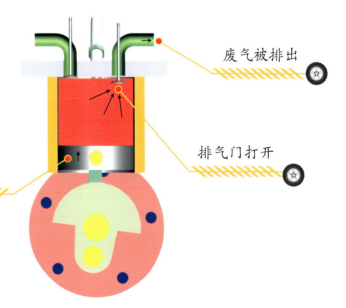

活塞靠飞轮的惯性向上运动,顶出废气,一直到最高处,然后重复吸气过程

废气被排出

排气门打开

汽车知识与探秘

汽车是如何改变速度的？

要借助于汽车的"变速器"。

 认识汽车变速器

汽车变速器有手动变速器（手动挡）和自动变速器（自动挡）之分。通过手动的换挡杆来改变齿轮组合的变速器，叫手动变速器；利用电磁装置或者其他装置通过油门的大小来自动改变齿轮组合的变速器，叫自动变速器。

其实，不管是手动变速器，还是所谓的"自动"变速器，其变速原理都是一样的，只是自动变速器的变速过程由车辆自动完成，不再需要驾驶员亲自操控而已。

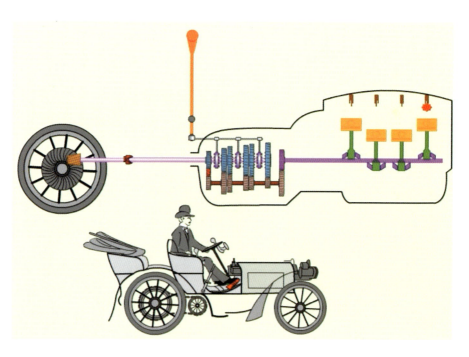

▲ 汽车变速器（手动）

第三部分 汽车原理知识

了解汽车变速器

由于车辆在不同的路况和车速下需要的是不同的动力,因此人们就想办法在发动机和车轮之间加上了很多齿轮,分别位于三根轴上。图1

13 变速器与换挡原理

发动机转动后,第一根轴始终转动,带动中间轴。但此时轮子并不动,因为接合套筒还没有合上,人们管这种状态叫空挡,也就是发动机空转。图2

拨动挡杆,把套筒套上最大的齿轮,此时传给轮子的力最大,这就是一挡。一挡一般用于汽车起步或上陡坡。图3

然后是二挡、三挡、四挡、五挡,说穿了就是选择不同比速的齿轮而已,需要输出多大的动力,便切换到多大比例的齿轮上去,骑过变速山地自行车的人,一定体会过这种好处。

还有一个是倒挡。挂上倒挡后,由于中间齿轮的存在,车轮转动的方向也就反过来了,可以用来实现倒车。图4

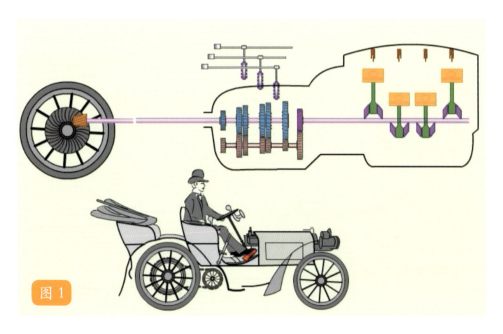

图1

▲ 变速器齿轮

汽车知识与探秘

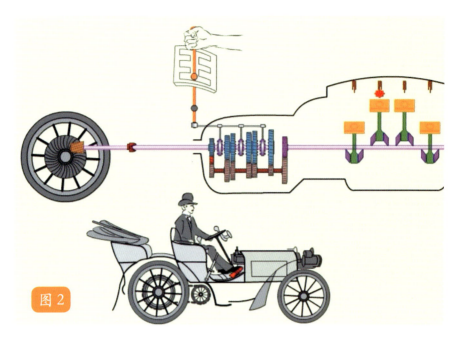

▲ 空挡

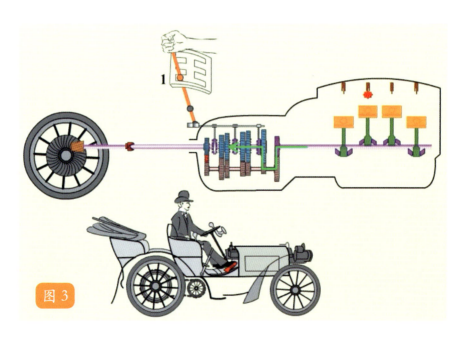

▲ 一挡

第三部分 汽车原理知识

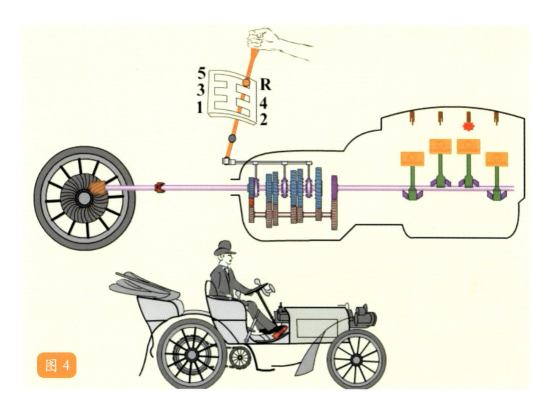

▲ 倒 挡

 汽车变速器原理解密

如果是一个大齿轮带动小齿轮转动,那么小齿轮转过的圈数就要比大齿轮多,也就是小齿轮转动得更快;反过来,如果是小齿轮带动大齿轮转动,那么大齿轮转过的圈数就比小齿轮少,也就是大齿轮转动得更慢。这就是汽车变速器的工作原理,即通过大小齿轮的不同组合,来改变车轮转速,从而实现对车速的控制。

 汽车知识与探秘

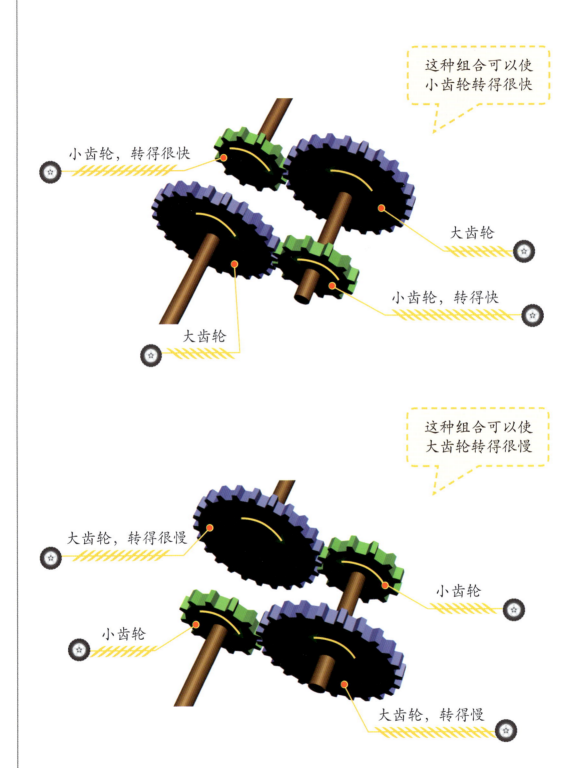

第三部分 汽车原理知识

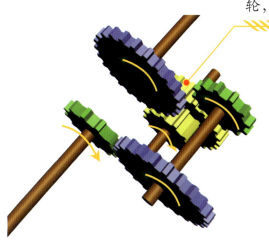

这里增加了一个齿轮,实现了倒转

 怎样减少汽车行驶时的冲击?

要借助于汽车的"离合器"。

 认识离合器

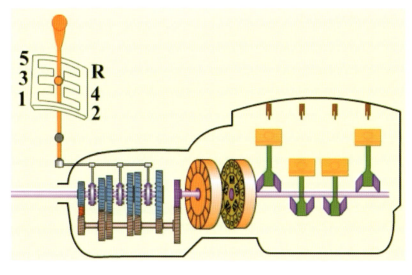

汽车知识与探秘

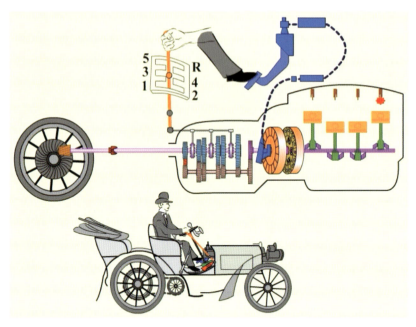

▲ 汽车离合器

14 为什么要有离合器

了解离合器

汽车离合器就是用来预防或减少汽车行驶过程中因为换挡而产生的冲击。它安装在发动机飞轮和变速箱之间，像两片大砂轮一样。通过离合器的分离与接合，就能方便地切断发动机与变速器齿轮之间的动力联系，使发动机和变速器可以不相干扰地各自工作。

离合器原理解密

机械离合器是由两个摩擦片组成的，原理示意图如下。

第三部分 汽车原理知识

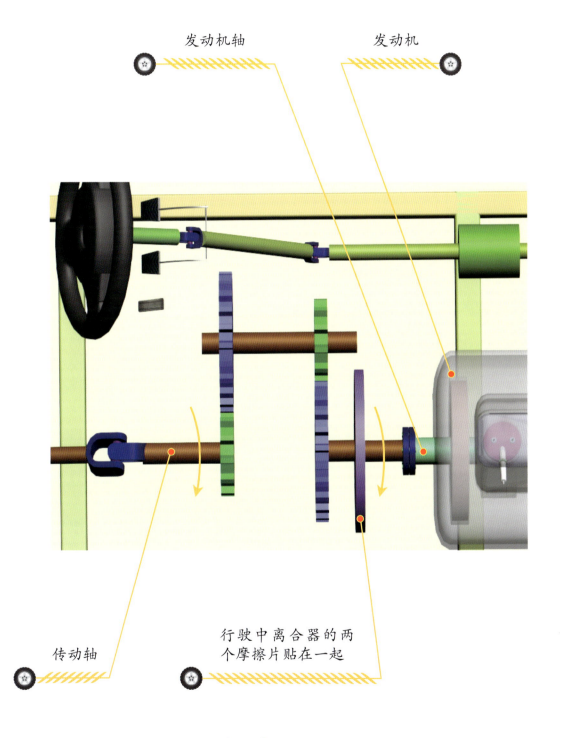

▲ 汽车匀速行驶时的离合器

汽车知识与探秘

变速时踩下离合器踏板

这个离合器摩擦片和发动机轴连在一起，始终和发动机轴一起转

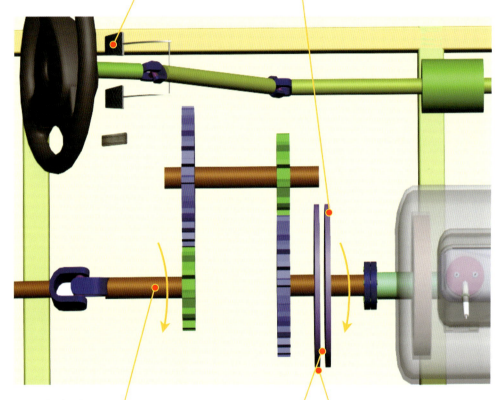

失去动力
自由转动

这个离合器摩擦片的动力被切断

通过传动装置，离合器踏板的力传给离合器的两个摩擦片，使其分开

▲ 准备换挡变速时的离合器

第三部分 汽车原理知识

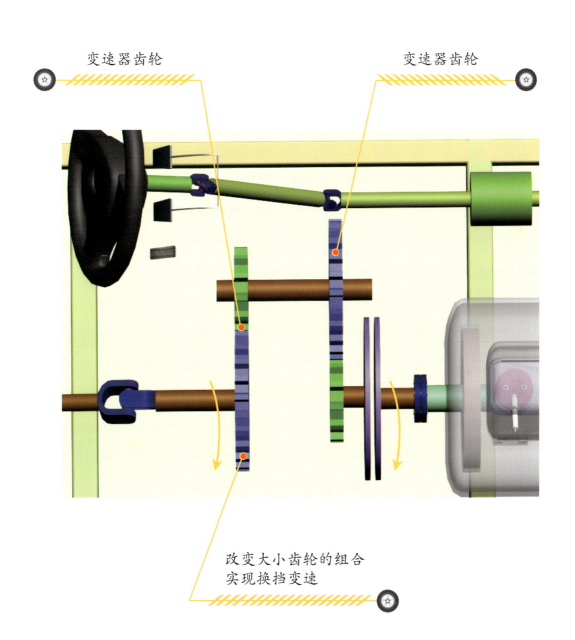

▲ 换挡变速过程中的离合器

汽车知识与探秘

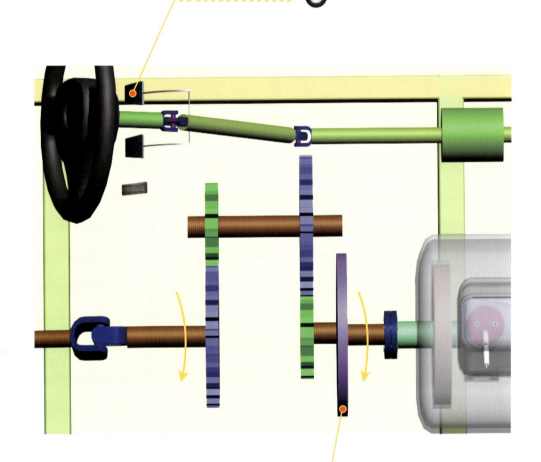

松开离合器踏板

离合器的两个摩擦片贴在一起,发动机的动力传给齿轮,齿轮继续转动

▲ 换挡变速完成后的离合器

第三部分 汽车原理知识

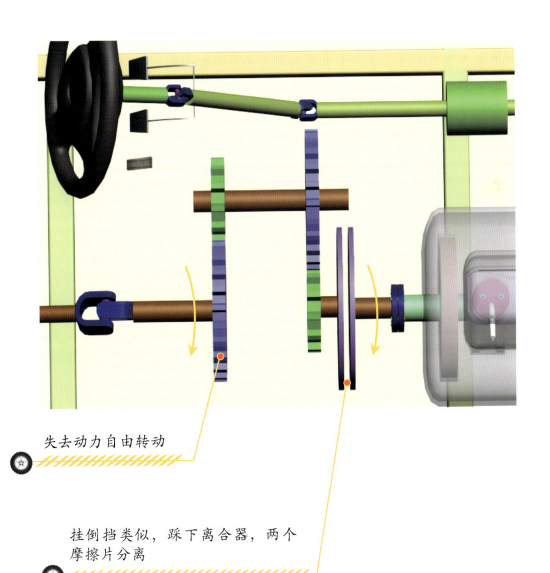

失去动力自由转动

挂倒挡类似,踩下离合器,两个摩擦片分离

▲ 准备挂倒挡倒车时的离合器

汽车知识与探秘

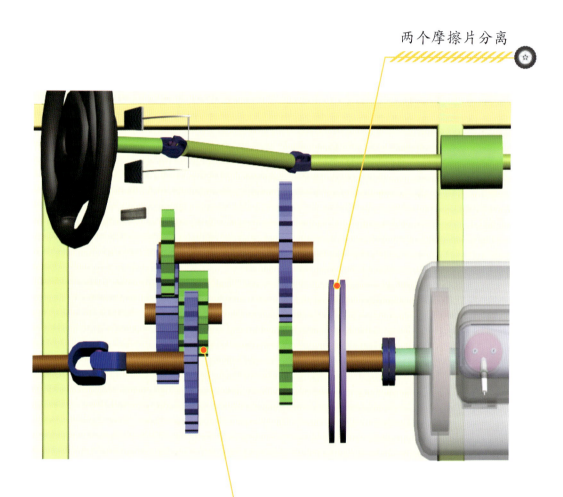

▲ 挂倒挡过程中的离合器

第三部分 汽车原理知识

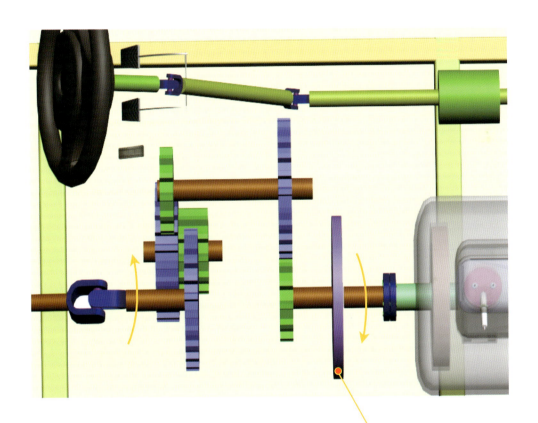

松开离合器，离合器的两个摩擦片贴在一起，发动机的动力传给齿轮，齿轮继续转动，传动轴倒转，车辆倒车

▲ 倒车过程中的离合器

汽车知识与探秘

汽车是如何停下来的？

要借助于汽车的"制动器"。汽车制动器分为脚制动器（俗称脚刹）和手制动器（俗称手刹）。

认识制动器

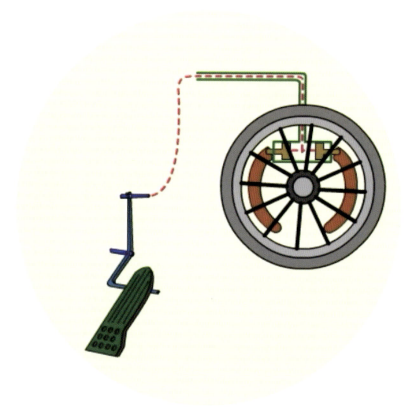

第三部分 汽车原理知识

◀ 脚制动器（脚刹）

▶ 手制动器（手刹）

了解制动器

要想使汽车停下来，就必须设法让车轮停止转动。汽车是通过制动器（脚踩刹车或手拉手刹）使车轮停止转动的。

就像骑自行车一样，用手握紧自行车的刹车时，通过钢丝绳或者是钢条，把刹车的力量传到制动橡皮上，夹紧车轮，在摩擦力的作用下，车轮就可以慢慢停止转动了。汽车也是利用类似的方法，借助制动器，在摩擦力的作用下，使车轮停止转动的。

制动器原理解密

汽车的制动器有盘式制动器和鼓式制动器两种形式。
盘式制动器原理如下图所示。

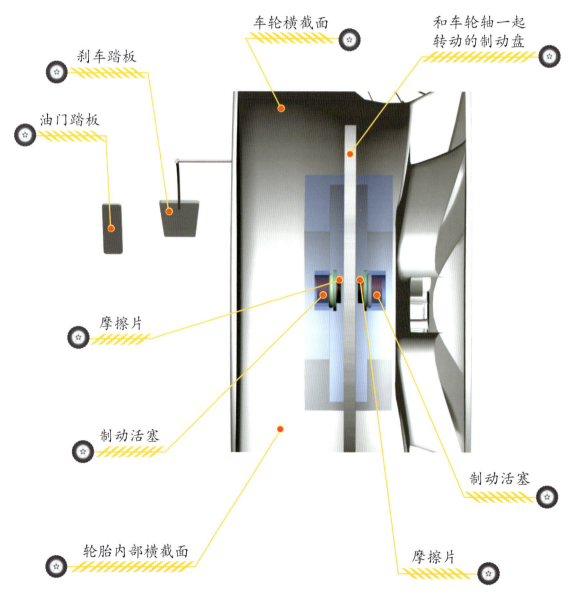

▲ 盘式制动器原理

第三部分 汽车原理知识

踩下刹车踏板后,两块制动摩擦片将固定在车轮轴上的制动盘像钳子一样紧紧夹住,车轮就会逐渐停止转动从而使车停下。

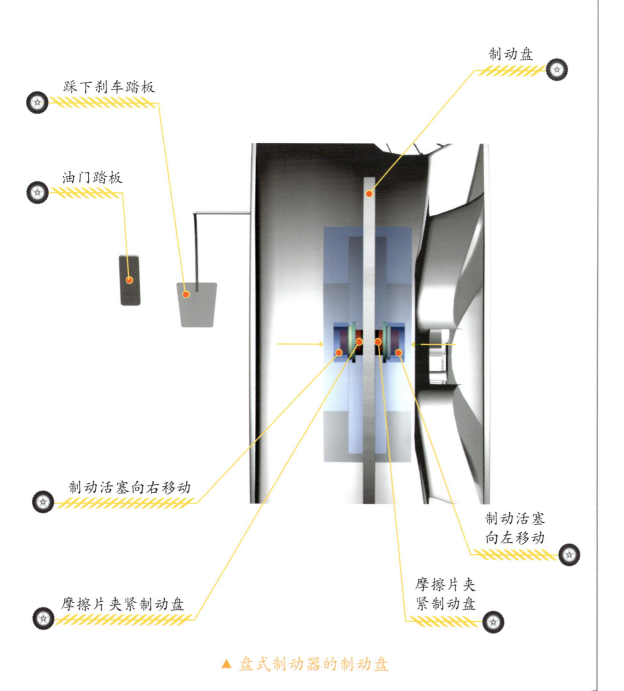

▲ 盘式制动器的制动盘

汽车知识与探秘

鼓式制动器如下图所示。没有踩下制动踏板时，摩擦片和车轮轴上的圆筒状摩擦片（制动鼓）是不接触的。

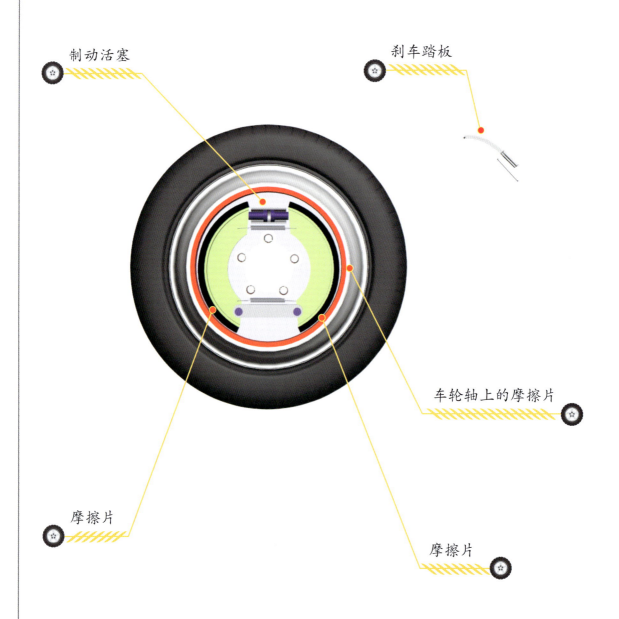

▲ 鼓式制动器

第三部分 汽车原理知识

踩下制动踏板时，制动活塞撑开制动摩擦片，与车轮上的圆筒状摩擦片（制动鼓）接触在一起，车轮就会逐渐停止转动从而使车停下。

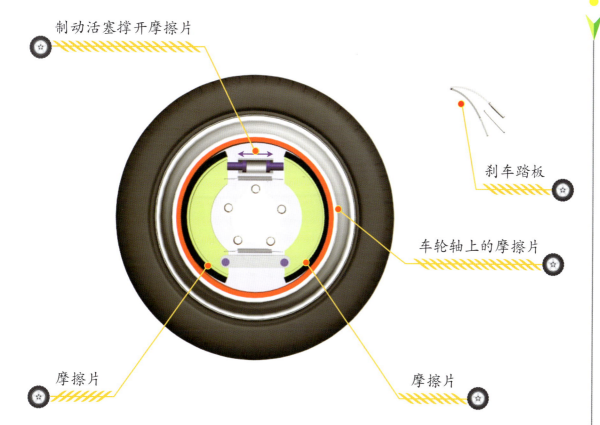

▲ 鼓式制动器的制动原理

小贴士

给车轮施加摩擦力的具体结构多种多样，只要有让车轮停止转动的阻力即可。也可以利用电磁装置来阻止车轮转动，也许还有其他方法。你要不要试一试？或许下一个发明家就是你哦！

汽车知识与探秘

 汽车是如何实现转弯和后倒的？

 要借助于汽车的"转向器"。

 认识转向器

◀ 转向器

◀ 传动轴（半轴）

◀ 差速器

第三部分 汽车原理知识

了解转向器

以后驱车为例介绍，前轮驱动的车辆大同小异。

汽车的转向器主要由半轴和差速器构成。

汽车上连接左右后车轮的轴，是由两个"半轴"构成的。这是因为汽车在转向的时候，左右车轮的转速不一样，所以必须把左右轮分开来连接，而不能用一根轴把两个轮子连在一起，否则很难实现转向。

此外，由于左右车轮的转速不一样，又要保证车能够正常行驶，因此还要用到差速器。

打个比方，人力三轮车后轮中的一个轮连在轴上（这个轮子是驱动轮），轴又连在链条上，而另一个轮子是自由转动的，也是因为转弯时左右轮转速不一样才这样制作的。

转向器原理解密

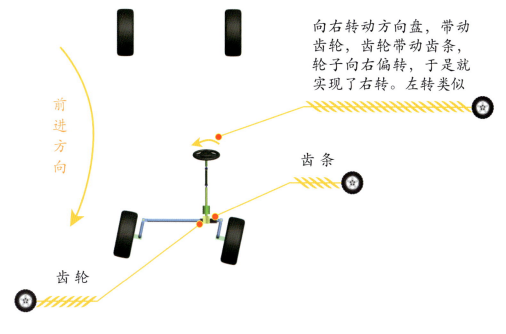

▲ 汽车右转原理

由于发动机只能向一个方向转动，因此要实现倒车，就要通过改变齿轮的组合来实现。

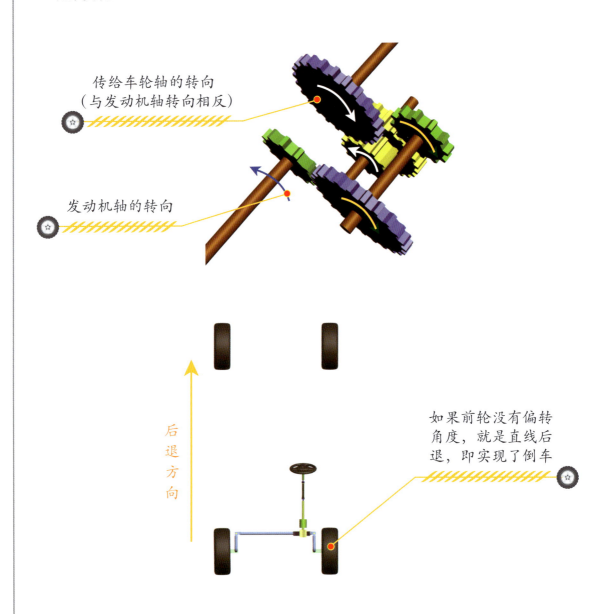

▲汽车直线后倒原理

可以看出，通过齿轮的组合可以使传给车轮轴的转向和发动机轴的转向相反，于是就实现了倒车。

第三部分 汽车原理知识

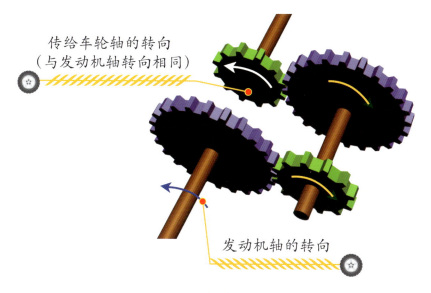

▲ 汽车直线前进原理

观察上面这幅图可以发现，这种齿轮组合传给车轮轴的转向和发动机轴的转向相同，于是就实现了前进。

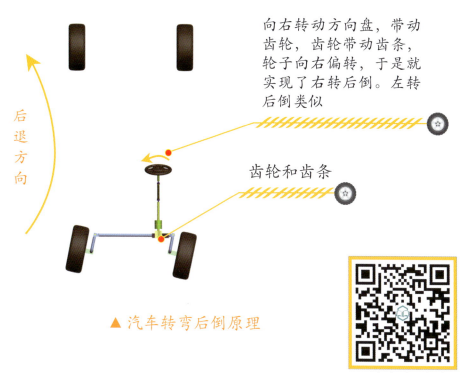

▲ 汽车转弯后倒原理

15 汽车原理解密

47

第四部分 汽车基本常识

汽车是怎样制造出来的？

汽车设计制造步骤：手绘草图、手绘效果图、制作油泥模型、计算机辅助设计、制作样车、风洞实验、模拟碰撞实验、路试等。

▲ 手绘草图

手绘效果图 ▶

第四部分 汽车基本常识

为不同型号的车分别制作油泥模型

 ## 根据油泥模型进行计算机辅助设计

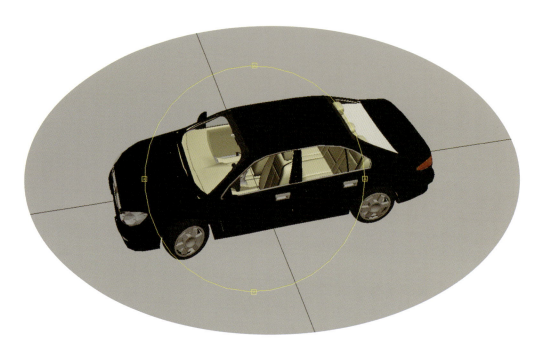

第四部分 汽车基本常识

 制作样车

 风洞实验

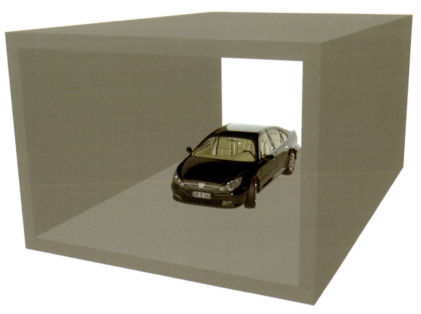

模拟碰撞实验

侧碰

正碰

第四部分 汽车基本常识

在不同环境下进行路试

最后汽车要在戈壁、沙漠、风雪、严寒等各种恶劣条件下试车,从而找出问题,并加以改进,然后批量生产上市销售。

汽车批量生产流程一般分为冲压 → 焊接 → 涂装 → 总装 → 售前检查五个阶段。简单来说,就是先经过冲压等加工工艺,将车身、零部件等生产出来,然后通过焊接等工艺把各部分部件连起来,再做表面防锈、防蚀的涂装处理,最后把所有的部件组装起来。这样,一辆汽车就生产出来了。

汽车零部件是怎样生产出来的?

要借助"冲压工艺"方法。

我们以冲压盘子为例,对冲压工艺过程进行介绍。

工程师将模具1设计成盘子内部的形状,将模具2设计成盘子外部的形状。将圆形铁板放在模具1和模具2之间。然后将两个模具合起来并对其施加压力,压力达到一定值后,再将两个模具分开,盘子的形状就被冲压出来了。

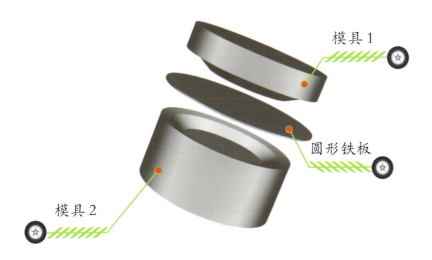

汽车知识与探秘

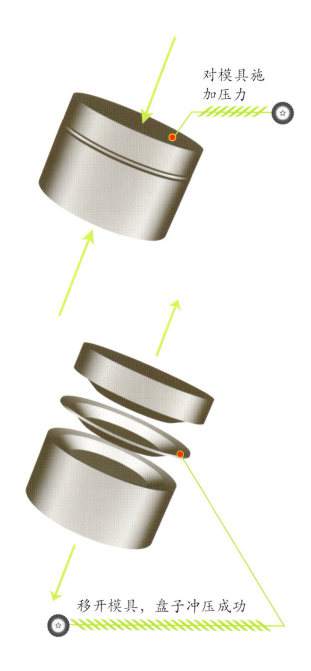

▲ 冲压工艺原理

汽车的车身等零部件形状当然要比盘子复杂得多,因此不可能一次冲压完成。于是设计师们就将汽车零部件拆分成能够直接冲压出来的各个小部件,然后分别对其进行冲压,冲压完毕后再焊接到一起就可以了。

第四部分 汽车基本常识

汽车的能量从哪里来？

人吃了饭才能跑得动，汽车也要吃"饭"，它的"饭"主要有石油、天然气、太阳能、燃料电池、蓄电池等。

内燃机发动机靠的是燃料燃烧膨胀做功，所以这种汽车的能量来自燃料，就是汽油、柴油或者天然气等。如果给汽油车加装上燃气装置，就可以用天然气代替汽油工作，只是动力略有下降。当然也有直接用天然气的汽车。

电动汽车的能量来自电能。若是太阳能电池，那么汽车的能量就来自太阳能；如果是燃料电池，那么能量就来自氢能；若是蓄电池，那么汽车的能量来自日常用电，包括风电、火力发电、核电，等等。

为什么要给汽车加"水"？

为了给发动机冷却降温，保护发动机。

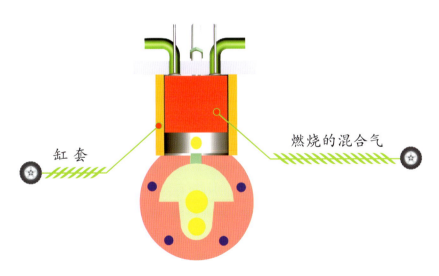

▲ 缸套和活塞组成密闭空间

在缸套和活塞组成的密闭空间里，燃烧的混合气会产生很高的温度，高温下，缸套和活塞等零件会很快被磨坏，所以必须进行冷却，使缸套和活塞等零件都处于一个比较低的、能正常工作的温度。举个例子，我们炒菜时所用的锅，如果不放任何东西干烧，很快锅底就会被烧红甚至被烧坏。同样的道理，发动机如果不加水冷却，也会被烧坏。

加水就需要有水箱，水箱里的水经过发动机反复循环，活塞和缸套等零件就不会被烧坏。如果冬天天气寒冷，水箱里的水会因结成冰而膨胀，可能胀破水箱，于是设计师就在水里添加一些物质，这些物质可以保证水箱里的水即使在零下几十度的温度下也不会结冰。水与这些物质组成的混合物，被称为"防冻液"。

为什么汽车上要安装各种指示灯？

为了便于观察车辆所处的状态。

在车内的仪表板上安装各种指示灯，用来提示车辆所处的状态。比如开远光灯了，仪表板上的远光指示灯 点亮，如果是近光灯则近光指示灯 点亮；如果没有系安全带，则安全带指示灯 点亮；如果没有松手刹，则手刹指示灯 点亮；如果缺机油，则机油指示灯 点亮，驾驶员可以及时补充机油，从而避免发动机损坏；如果燃油指示灯 点亮，说明燃油快耗光了，应当尽快补充燃油。

第四部分 汽车基本常识

汽车上的仪表什么样？

汽车仪表板多种多样，但是上面的仪表都大同小异。

下面以一种汽车仪表板上的仪表为例进行介绍。

转速表：表示发动机的转速，比如图中是 1/min×100，表示表上的一小格是 100 转 / 分钟，如果指针指在 10 上（共 10 小格），就是 10×100 转 / 分钟即 1000 转 / 分钟。

速度表：表示车的行驶速度，图中单位为 km/h，即千米 / 小时，读作千米每小时。每小格表示 2 千米 / 小时，如果指针指在 20 上（共 10 小格），就表示车速是 20 千米 / 小时。

水温表：表示水箱里水的温度。如果指针指在 90 上，表示水温是 90℃，这是发动机的正常工作温度。

燃油表：用来指示燃油的多少。指针指在 1/2 处表示还有半箱油，指在红线上表示燃油即将用完。

多功能显示屏配合转换按钮：可以显示总的行驶里程等内容。

什么是汽车安全气囊？

安全气囊是指撞车时在乘员产生二次碰撞前，使气囊膨胀保护乘员的装置。

座椅安全带的乘员约束装置的辅助装置，被称为安全气囊系统。安全气囊系统是由气囊与充气机构（气体发生器）组成整体式安全气囊模块、感知碰撞并向安全气囊模块发出展开指令的碰撞传感器系统，以及传送由传感器发出的信号的线束构成。

当撞击感知器检测到撞击时，相关控制系统会判断撞车程度并决定是否触发充气装置，通常由汽油或炸药等气体发生剂配合点火装置组成充气模块。由于撞击过程时间非常短，因此一般气囊由触发至完成充气过程仅 25～35 毫秒。充气时间过长便会失去其保护作用。

第四部分 汽车基本常识

为什么要系安全带？

车辆发生碰撞或急刹车时，通过安全带的缓冲作用可以极大地减轻乘员的受伤害程度。

安全带非常重要，车辆发生碰撞或急刹车时，巨大的惯性会使车内乘员与方向盘、挡风玻璃等发生二次碰撞，安全带可以将人束缚在座位上，并通过缓冲作用吸收大量动能，极大地减轻乘员的受伤害程度。安全气囊是对安全带的辅助，它的爆发力非常大，如果没有安全带的牵引缓冲，而直接撞到正在爆发的气囊上，会对身体造成严重损伤。系上安全带后，卷收器自动将其拉紧，当车辆万一出现紧急制动、正面碰撞或发生翻滚时，乘员会使安全带受到快速而猛烈的拉伸，此刻卷收器的自锁功能可在瞬间卡住安全带，使乘员紧贴座椅，避免摔出车外或碰撞受伤。需要提醒大家的是，在不系安全带的状况下，安全气囊不但不能对乘员起到防护作用，还会对乘员有严重的杀伤力。安全气囊的爆发力是惊人的，足以击断驾乘人员的颈椎！因此，安全气囊是在系好安全带前提下的安全辅助装置。

为什么要给汽车加汽油？

为了保持汽油发动机连续工作（各种新能源车除外）。

汽油发动机是靠燃料在气缸里燃烧膨胀做功工作的，所以必须有持续的燃料供给，发动机才能连续工作，没有了汽油，就没有了燃烧膨胀做功这一过程，所以汽车必须往油箱里加汽油。

车的动力装置，可以是内燃机（这是现代汽车普遍采用的动力设备），也可以是电池等，只要能让车安全跑起来，动力装置可以是多种多样的。随着时间的推移，新型动力装置必然会被研制出来，也许将来你就是其中的一位发明者哦！

汽车知识与探秘

为什么要给汽车加机油？

减轻气缸和活塞间的磨损，保护发动机。

手持两个铁块进行摩擦，很快就感觉烫手了，而且接触面被磨得很光亮。如果在铁块表面蘸些食用油，再摩擦，你会发现温度很低，而且接触面间很滑。用钢铁制作的各种零件情况类似，直接接触发生摩擦，不但温度高，磨损速度也非常快，很快就会导致零件损坏，发动机就无法正常工作。加了机油以后，接触面间就可以形成一层油膜，大大减小了摩擦力，而且机油还能起到冷却作用，所以汽车还要加机油。如果没有机油，发动机的缸套和活塞就会被磨坏，这就是通常说的"拉缸"。

为什么要经常给汽车做保养？

保证汽车处于良好的工作状态。

所谓保养即为保持和养护之意。保持就是通过良好的使用习惯使汽车保持良好的工作状态。养护就是通过检查、调整、紧固、润滑、更换等操作使汽车保持在良好的工作状态。

任何一辆汽车，随着使用年限的增长、行驶里程的增加，其技术状态都会逐渐变坏：车身会失去昔日的光泽，紧固的各部件会产生松动，各部件配合间隙会因磨损而增大，车上的机油、变速器油、冷却液等各种车用保护液会结焦、结垢、变质、失效，而这些车用保护液就如同护肤品一样，直接为汽车的各部位提供着必要的"营养"，如不及时更换，则会影响汽车的正常工作和使用寿命，甚至导致严重事故。再加上现时交通环境的恶化，城市拥挤的道路，慢速的走走停停，对发动机机油最不利。这种状况最容易产生油泥，造成机油的急速劣化，导致汽车提速无力、油耗增高、噪声加大、操控性能降低等。因此，定期地更换各种车用保护液，定期地对车辆各部件进行必要的检查、调整、紧固、润滑是非常重要的。如果平时不注重保养，等车子出现故障了再修的结果只能是费时、费事、费钱。因此，注重保养是使汽车"永保青春"的最佳办法。

第四部分 汽车基本常识

汽车损坏后维修工人怎样修车？

拆卸、检查、更换、安装。

前面讲过汽车由发动机、车身、电气系统、底盘组成，那么这些部件坏了也是分别修理的，下面简单介绍一下修车方法。

如果是发动机坏了，就要把发动机拆卸下来，用起重设备吊出来，然后解体维修或更换零部件。现代汽车上有故障检测接口，连接上计算机很快就能确定发动机的故障部位，从而大大提高维修效率。

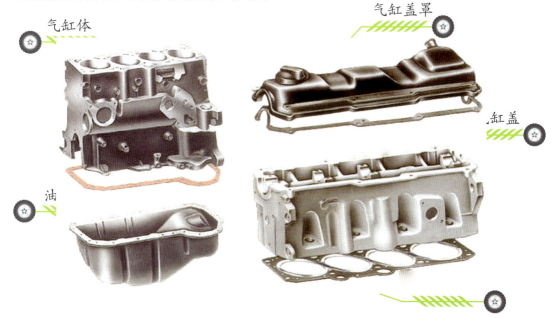

▲发动机解体成四大部分（当然上面还有很多小零件）

如果是碰撞等原因造成车身变形了，就要进行钣金修理，把它恢复原状。钣金修理就是通过对金属板进行敲击、拉伸等方法把变形的车身修复成原状。

如果车身被划出伤痕了，就要进行喷漆。首先到调漆店，对照着原来的颜色，调出一定量的漆，然后用气泵喷枪进行喷涂。

如果是电气设备坏了，可以用检测灯或者万用表等来检查故障。

如果是底盘变形了，就要用底盘矫正设备来矫正，如果有断裂，则需要由焊工来焊接。

汽车知识与探秘

小轿车和越野车性能有何不同？

主要是悬挂系统不同。

- 主要区别是车的悬挂系统是否适合山地行驶。越野车适合，轿车不适合。
- 越野车以车辆的通过性为主，轿车以舒适性为主。
- 从安全性上来讲，越野车要比轿车好一点。
- 越野车油耗比轿车大，因车身重量问题，越野车一般比相同排量的轿车要高2升左右的油耗。

未来的汽车什么样？

无人驾驶汽车、新能源汽车、水陆两用汽车、陆空两用汽车。

无人驾驶汽车

开车是件费力劳神的事情，如果车能自动行驶就好了。事实上，目前很多国家都在研究无人驾驶系统，只是因为道路情况太复杂，所以无人驾驶系统研究的难度比较大，还处在试验阶段，随着各种技术的发明，也许早晚会攻克这个难关。

新能源汽车

内燃机汽车对大气有污染，如果用其他动力装置代替内燃机，也许就能解决污染问题。用电动机代替内燃机是其中一个可行的办法。使用电动机就需要电池。

用氢气作燃料的燃料电池，排放物是水，对环境没有任何污染，所以很多国家都在研究氢燃料电池。也许将来电动汽车会占据汽车市场的主流。

第四部分 汽车基本常识

水陆两用汽车

现在已经有人造出了水陆两用汽车,如果需要经常在水陆行驶,那么这种车很实用。如果能发明出新型材料,减轻重量,在水上行驶就可以增加载重量。

▲ 水陆两用汽车

▲ 水陆两用汽车

陆空两用汽车

有人还制造了陆空两用汽车，有像直升机那样的，也有像固定机翼那样的，它们的螺旋桨或者机翼可以折叠。但是这两种汽车都有一个共同的弱点，就是折叠的机翼展开后占据的面积比较大，必须到机场等空间比较大的地方去起降，无法直接在马路上起飞和降落。这是需要改进的地方，也许有一天这个问题可以被解决。

▲ 陆空两用汽车

▲ 陆空两用汽车

第五部分 品牌汽车鉴赏

汽车车型图片按汉语拼音第一个字母排序，产地只标注原产地。

奥迪·德国

宝马·德国

宝时捷·德国

汽车知识与探秘

奔驰·德国

本田·日本

比亚迪·中国

第五部分 品牌汽车鉴赏

标致·法国

别克·美国

宾利·英国

汽车知识与探秘

长安·中国

长城·中国

大众·德国

第五部分 品牌汽车鉴赏

东风·中国

法拉利·意大利

菲亚特·意大利

汽车知识与探秘

丰田·日本

福特·美国

哈弗·中国

第五部分 品牌汽车鉴赏

海马·中国

红旗·中国

红旗

吉利·中国

 汽车知识与探秘

吉普·美国

江淮·中国

江铃·中国

第五部分 品牌汽车鉴赏

凯迪拉克·美国

克莱斯勒·美国

兰博基尼·意大利

汽车知识与探秘

劳斯莱斯·英国

雷克萨斯·日本

雷诺·法国

第五部分 品牌汽车鉴赏

力帆·中国

莲花·英国

林肯·美国

汽车知识与探秘

铃木·日本

陆风·中国

路虎·英国

第五部分 品牌汽车鉴赏

马自达·日本

玛莎拉蒂·意大利

奇瑞·中国

汽车知识与探秘

起亚·韩国

日产·日本

三菱·日本

第五部分 品牌汽车鉴赏

沃尔沃·瑞典

现代·韩国

雪佛兰·美国

汽车知识与探秘

雪铁龙·法国

英菲尼迪·日本

中华·中国

第五部分 品牌汽车鉴赏

中兴·中国

第六部分 汽车标志识别

汽车车标图片按现产地收录。

宝骏	北京汽车	比亚迪	昌河
川汽野马	大迪	帝豪	东风
东南	风神	福迪	福田

第六部分 汽车标志识别

广汽	哈飞	海马	黑豹
红旗	华普	华泰	黄海
汇众	吉奥	吉利	吉利全球鹰
江淮	江铃	江南	金杯

汽车知识与探秘

第六部分 汽车标志识别

汽车知识与探秘

奥迪	宝马	保时捷	奔驰
大众	劳伦士	劳斯莱斯	迈巴赫
欧宝	smart		

法国车标

标志	布加迪	雷诺	雪铁龙

第六部分 汽车标志识别

 美国车标

别克	道奇	福特	悍马
吉普	凯迪拉克	克莱斯勒	林肯
雪佛兰	GMC	Rossion	

 韩国车标

起亚	双龙	现代

汽车知识与探秘

日本车标

瑞典车标

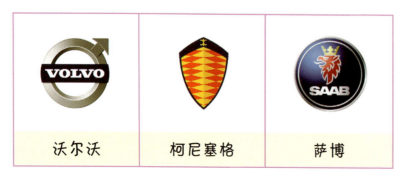

第六部分 汽车标志识别

意大利车标

阿尔法罗密欧	法拉利	菲亚特	兰博基尼
玛莎拉蒂	帕加尼		

英国车标

阿斯顿马丁	宾利	捷豹	路虎
路特斯	迷你	名爵	莲花

其他国家车标

捷克斯柯达　　荷兰世爵　　西班牙西雅特

16 《汽车知识与探秘》完整动画视频